Verkennung der Lage

Timo Kölling

VERKENNUNG DER LAGE

Gedichte

1. Auflage, April 2025

© Timo Kölling 2025
Verlag: BoD · Books on Demand GmbH, In de Tarpen 42,
22848 Norderstedt, bod@bod.de
Druck: Libri Plureos GmbH, Friedensallee 273, 22763 Hamburg
ISBN: 978-3-7693-5786-8

OHNE STIMME

Anbrandend die Höhen, des Vaters
Zeig, vor langer
Zeit des Blickes
Stiftung, an-
gleichend dem

Allwandernden, unge-
gründeter Tiefe voll,
gut gefügt, und wie die
Schlange empor sich
reckt dem Flug entgegen des

Adlers (Sieg
und Sturz, des Über-
maßes Erfüllung),
greift schon sein Ende, worin
der Blick sich

anschaut nach langer
Vorbereitung, verheert, und
immer es selbst, das Land,
wie Wolken in reinem
Verstehen:

Anfang jetzt, da des Abends
Gold sich ein-
mischt, und es ist
ohne Stimme, reines
Gehör, kennend

schon den Plan der Nacht, der
den Schwarzgängigen drunten her-
vorstellen wird all die
Wege durch Gerüstes
liebliche Enge,

angestrahlt noch von
des Eises altem
Feuer; Erdrauch
umglühend
Hasel und Seidelbast.

DER PLAN

Wer bin ich, bin ich denn gewesen,
daß deine Tür mir offen stand?
Gegangen sind der Wege viele,
zu viele übers dunkle Land.

Es stiftet keinen Grund die Lege.
Zerfurchter Plan an unsrer Statt
ließ je uns zu uns selbst genesen,
als müßten wir den Halt vermissen,

der nur den Fallenden verspricht
zu wachsen nach der Erde Sinn.
Wenn deine Tür mir offen steht,
werd' ich noch der sein, der ich bin?

Wie werd' ich, werd' ich denn entkommen
des Fischers Netz und Angelschnur,
der ich auf keinem Weg erfuhr,
ob ich noch derselbe bin …

BALLADE VOM GASTHAUS

Fragment eines Gedichts, das in Vergessenheit
geraten ist, und dessen Existenz
sich niemand gemerkt hat, betraten
gelöscht wir das Gasthaus.

Draußen hatte es geregnet; dies mochte
uns zum Eintritt bewogen haben; doch als wir
aus den Fenstern sahen,
stand davor nur

Nebel, dick, undurchdringliche Weiße.
Die Fenster ließen sich nicht öffnen, so daß wir
um nachzusehen, wie
so schnell der Nebel

aufgezogen sein konnte, und ob er schon
das ganze Haus umgab, nach der Türe suchten, durch
die wir gekommen waren.
Eine Frau

lud uns freundlich an ihren Tisch; das Haus
habe schon lange keine Tür mehr, durch die
jemand hinaus-
oder hineingelangen

könne. In diesem Augenblick war uns, als hätten
wir alles dies schon einmal erlebt, im Traum,
und auch des Dichters Lied,
das jetzt am Nachbar-

tisch erklang,
war uns bereits bekannt:
›Des Löschens Wut ereilt, was ich geschrieben.
Ich ließ es stehn, und doch ist es gelöscht.‹

Der Wirt aber schlief noch, und draußen stand der Nebel.
›Die Uhren sind stehengeblieben‹, sagte die Frau,
›und zeigen Mittag an,
immer Mittag.‹

*

Wir schauten dann fern und sahen auf dem Bildschirm
den Wirt erwachen und im nächsten Augen-
blick schon die frisch be-
reiteten Fische bringen.

In der Stube, in die der Wirt nun eintrat,
sahen wir uns am Tisch sitzen; Fenster waren
keine zu sehen; um
die Tische stand

Nebel, dick, undurchdringliche Weiße.
›Ein alter Spielfilm‹, sagte die Frau, und uns war,
als hätten wir ihn viele
Male schon gesehen.

Und als wir über uns selbst erstaunt den Namen
des Films ›DIE GOLEMSTUBE‹ riefen, blickte
die Frau wie von
einer leeren Ferne

durchschaut; der Dichter aber machte große
Augen, schüttelte den Kopf und sagte
mehr in sich hinein
als in die Runde:

›Fensterlos, fensterlos‹, woraufhin wir so müde
wurden, daß wir vergaßen, aufzustehen,
um im Nebel
nach den Fenstern zu suchen,

die wir beim Eintreten noch gesehen hatten.
Wir alle schliefen dann, und als wir erwachten,
war Mittag, und wir riefen
nach dem Wirt,

die frisch bereiteten Fische zu bringen. Dann schauten
wir fern, und wie
quollen die Augen uns über
(das Wasser rauscht', das Wasser schwoll),

als
auf dem Bildschirm
die alten Teiche erschienen
und die Frau anstimmte das vergessene Lied:

*

*Sommer stand wie ein Märchenbild
um die alten Teiche.
Mädchenwünsche gingen wild
zu der Mädchenleiche.*

*Starkarmige Fischer warfen sie
mitten in das Naß hinein.
Sehnsucht bebte, Sehnsucht schrie
in uns, ganz wie sie zu sein.*

*Und so gingen sommers immer
wir, die Frauen, zu den Teichen,
und sahen uns im Märchenschimmer
schon als Frauenleichen,*

*geraubt wir, Fische in der Hand
von Räubern mit dem Fischerstab.
Das Wasser ruhte, das Wasser stand
und war schon unser Grab.*

*

›Bring die Fische, Wirt!‹ riefen wir nun,
denn es war Mittag, hoher Mittag, und der Wirt,
den die Frau den starkarmigen nannte,
erwachte erst aus tiefem Schlaf.

Der Dichter aber schüttelte den Kopf und sagte:
›Wenn du lange in die Leere blickst,
blickt die Leere auch in dich hinein.‹
Und wir alle riefen: ›Haltlos, haltlos.‹

Und draußen fiel jetzt, wie wir kraft
unseres fensterlosen Wissens wußten,
haltlos, haltlos der Regen, fiel
erst jetzt, erst jetzt der Regen.

VERSAMMLUNG

Die Anstrengung, etwas
hineinzulesen,
wo es nichts gibt als
die Schwalbenschrift —

des Unfriedens Mühsal,
gesprächsbereit, immer
auf dem Sprung, dir
in den Abgrund zu helfen

eines Bedeutens ohne
Wiedererkennen,
im Spiegel der Mehltau,
als wären

die Tagesskelette, die
von hungrigen Wassern überströmten,
an ihrer eignen
Formlosigkeit verendet.

Einmal aber
wird es, ein Mal noch
gelingen, daß du
mit den Schrift-

zeichen in Sommers
unendlicher Schale,
bereit schon zum Aufbruch,
dich versammelst —

ausdruckslos, als
wartete hinter
dem Leben wieder
ein Leben.

TRENNUNG

Es gibt, die uns zu-
sähe, nicht, die dritte
Hälfte, die uns
Ganzheit verliehe.

So getrennt,
schauen wir zu, wie
ein blüh = sterbe-
williger Ast uns

zwischen Mund und
Ohr wächst, deinen, mein,
meinen, dein
oder

das Horn, ein Säbel-
zahn, daß wir
schweigend, jeder für sich
über Steppe streifen.

Wir nutzten
die Ungunst der Sterne. Ein böser
Atem entsendete uns.

In unsere Vorzeit
polterte Zukunft wie ein
zu schneller, uns übereilender

Frühling.

GEGENWART UND SCHNEE

Die lauten und die leisen Erzählungen spielen
Gegenwart. Glaub es! Friß es! Die Stofftierfressen
leben im Hier und Jetzt und verordnen es
einander wie Hustensaft, grinsend wie Horror-
katzen, in denen ein Schalter
umgelegt ist (sie nennen es ›lächeln‹).

Dahinter: wieviel Verschwiegenes, Ungelöstes,
Wortkargheit bis hin zum schier Gestörten,
jeder des anderen Absprecher in blanker
Lebensunlust, Lebensunkunst. Und du selbst
kannst es ja auch nicht, weißt ja auch nicht zu leben,
und unter der Decke der lauten und der leisen

Erzählungen – Decke über Decke – suchst du
nach dem Schnee, der unsere Pfade deckt,
in Frieden ausgestoßen aus der Zeit ist
und unberührt von den Gemeinschaftsworten,
die hilflos mit sich selbst im Streit
ohne Gelingen an ihr Ende rennen.

Kaum mit einem Finger in das Sein reicht
unsere von Müdigkeit ver-
schobene Menschenzeit, und Gegenwart
ist allein das Element der Vögel,
deren Luftzeit unserer voraus ist,
Strich für Strich verfassend die Vogelschrift,

während Schnee noch unsere Pfade deckt.
Wollt ihr denn, um wie die Vögel zu sein,
schneller und schneller atmen, um Luft zu werden?
Ein guter Plan! Werdet Luft! Und vergeßt nicht,
die lauten und die leisen Erzählungen mitzunehmen.
Ich werde Schnee auf eure Stofftierleichen schaufeln.

MÄRZ

Ich will über Gras gehn, wenn Erde
in schweren Gerüchen des März
hineinstößt nach innen das Herz,
das wandernd sich angleicht der Erde.

Die Sehnsucht bedenkt uns mit Pfaden.
Das Gehen erwirkt uns die Wege.
Der Himmel ist uns das Gehege,
darin wir zum Fall eingeladen

und rettungslos die sind, die steigen,
wenn flüchtend wie Wolken, wie Rehe
der Weg und das Ziel sich verzweigen.
Vom Sinn der Verzweigung verstehe

nur dies, daß das Land die Gestalt ist,
in der deine Kraft wiederkehrt,
von Bitternis seltsam beschwert,
wenn Frühling um deine Gestalt ist.

Ich will über Gras gehn, wenn Erde
in schweren Gerüchen des März
mich einholt und stößt himmelwärts,
daß wandernd ich irdischer werde.

VOGELSCHRIFT

Die Vogelschrift ist unsrer Schrift voraus.
In eines Morgens blauem Silber, wenn alles nichts
und die webende Ferne ein Spiegel ist deines Gesichts,
wirst du Teil des Zauberbaus.
Du trittst ein in einer neuen Ordnung Haus
und bist danach nicht ganz derselbe mehr.
Du wirst geschrieben, und die Schrift ist leer.
Alles ist nichts in des Morgens silbernem Blau,
und du blickst wach wie nie in jenen Bau
aus Duft und Blütenzweigen und Gefieder.
Aus der Tiefe dieses neuen Raums
hallt es singend nieder. Eine große Melodie
perlt in Melodien herab. Es ist Magie,
und niemand lebt, der diese Sprache nicht versteht,
die Berg und Tal, Land und Meer in Liebe umweht.
Ein Tor fliegt auf,
im Kehrbild schaust du aller Sterne Lauf
und bist die Nacht,
die alles dies hervorgebracht,
bist selbst geschnabelter Bote deines Traums
und weißt im Wissen deiner geflügelten Lust,
daß bald mit deinen Freunden du verstummen mußt.
Eine Zeit kommt, unheimlich und schön,
da nachts die Hügel vor des Nordens Helle stehn.
Dann schreibt sich schriftlos blasser Sommer ein,
und du kehrst in keinen Hafen heim.

EINVERSTÄNDNIS

In der Wärme vor dem Regen
gehen, nur gehen,
in die aufblauende Tiefe hinein, in
deinen inneren Osten.

Dies ist nicht dein Land. Und doch
locken die Bilder der Nähe.
Es mag Verzweiflung sein, was
dich in sie hineintreibt.

Du bist jetzt einverstanden
mit allem, was
man dir jemals
nachweisen wollte.

Und doch stehst du fremd
vor der für dich
vorausgewußten
Zukunft

und ihrem Fehlen. Du gehst
in die andere Richtung wie
eigentlich schon immer. Und weiter
gibt es nichts zu sagen.

Schön ist es, früh am Morgen
das Haus zu verlassen,
im Rucksack kaum mehr als
Matte und Schlafsack.

Schön ist es, ohne Plan und ohne
Unruhe in den
Abend zu gehen.
Abbruch der Welt.

Schön ist es, wenn der Wind durch
das Gras geht und
den Ruck bringt des sich
verstärkenden Regens.

Schön ist es, fluß-
aufwärts zu den Quellen
zu gehen und dort
zu bleiben für lange.

Schön ist es, Höhlen
in der Nähe zu wissen, in denen
bis vor kurzem noch an
Menschenknochen genagt wurde.

Schön ist es, auf nacktem Fels
zu liegen, wenn
heraufzieht des Sternensturms
unfaßbar stilles Getöse.

Schön ist es, wenn in der Ferne
rundum nachtlang
entlang der schwarzen Straßen
die Hunde bellen.

Schön ist es, ein Gedicht zu schreiben,
das jeder andere besser
hinbekommen und aus Bescheidenheit
ganz sicher nicht veröffentlicht hätte.

MITTSOMMERNACHT

Durch die Gerippe
der Eschen siehst du
des Nordens hellen Streif wie
ein Gespenst
oder die Leiche des Winters
oder als wär' die Einheitssprache
sichtbar geworden, die
aufgegangen ist über dem
Land der Mitte.

Kein ›Schrifttum‹ als ›geistiger Raum‹ mehr, keine
Symphonie der unter-
schiedlichen Zungen.
Verständlichkeit wird
eingefordert; selbst die
Vogelschrift verblasst; du wünschst dir
weiß und weißer die Nacht, als wäre
erst dann deine Fremdheit
vollkommen.

ERSCHÖPFUNG

Wie der Hunger
so groß vor dir aufsteht
in des Tages
heiliger Brandung,
das alte Tier …
Es ist nichts Schlimmes.
Du teilst ihn
mit allen Wesen.

Der Nähe Vorhang
ist gefallen. Den Flug der
Schwalbe siehst du
wie hinter Glas.
Und im Mondlicht,
tief im Quellgrund,
rufen die Rinder.
Es ist dein Ruf.

Wolf streift.
Spitzmaus wittert.
Dich meint kein Wort.
Du bist allein.
Was ist dieses Sehnen,
wenn du denkst an
des Dachses Wege
bei Nacht?

Einreihen willst du,
wenn in von neuen
Zeiten träumenden trüben
Augen der Große
Brand entfacht ist —
einreihen dich in die
flüchtende, in die
untergehende Schar.

DAS ABENDLIED

Verräterisch,
schlangengleich,
hast du sie frei-
gelassen, die Sehnsucht,
die dich besiegen wird.

Einsam erklingt
des Abends schönstes Lied und
fängt sie, fängt sie nicht ein, die
niemandes Fang ist.

Niemandes Fang,
vergeßlich,
windet sie schwarz,
schwarz sich in den
stummen Grund hinab, wo
kein Lied sie erreicht und
vergessen ist der Verrat.

In tiefer Bläue, die
ein eigenes, fremdes
Gold ist, liegen
wie unbetretbar die Wege.

Hoch oben die Amsel
singt ihr schönstes Lied und
feiert die Gräber all derer, die
nicht gerne gelebt haben.

IM FORTGEHN

Traurig, aufgestört
zu sein, blickt im
nicht einmal schnellen
Fortgehn kurz noch
zurück, uner-
gründlichen Ausdrucks,
der Wolf. Vergessen
ist die Möglich-
keit des Angriffs.

GANYMEDS REIMSTÜCK

Der Wettkampf ist verloren.
Ich liege bei der Quelle
und bleibe ungeboren.

Mich hält des Sinnens Welle
gebannt an Ort und Stelle.
Es gilt der Spruch der Horen,

des Denkers Zitadelle
sei allem Tod verschworen.
Ich war nicht auserkoren,

zu wachsen in das helle
Gebäu von Flusses Schnelle.
Mich schreckt des Tags Gebelle.

Ich bin ein Schaf, geschoren,
des hohen Lands Geselle,
Partikel, eingefroren.

AM QUELL

Mitzuteilen
hast du nichts,
›noch lange nicht‹, denkst du.

Alle die Bilder
trinkst du still
in dich hinein.

Niemandes Metrum
folgt dein Rhythmus.
Die Jahreszeiten

fallen haltlos
ineinander.
Bei den Quellen,

wo die Wälder
in gläsernen Fernen
schon wie das Meer sind,

das nie zu erreichen
des Langsamen Stolz ist,
ruhen die Schlangen

in den Wiesen.
Des Abends reines
Gold umfließt

des Tages letzte
Schatten. Nur hier
ist Heilung dem,

den versehrte
der Klugen Meinen.
Keine Auskunft

will, der dich an-
blickt mit dem alles-
erneuernden Auge

des winzigen Springquells:
des Kleinsten Geheimnis,
die Null in der Eins,

auftauchend wie
des Sängers ›fröhliches
Heilkraut‹ aus wildspur-

durchkreuztem Grase,
Geschehen, reimlos,
die Eins in der Null:

Bald kommen die Nebel.
Du hast keine Eile.
Das Sein ist ohne Frist.

Ein weiterer Winter
sammelt dich ein
Bild um Bild.

Und keine Frage
wird sich erheben,
›noch lange nicht‹, denkst du

und ruhst wie Schlangen
ohne Anfang
gesanglos am Quell.

DER DOPPELGÄNGER

Zwischen den Stühlen
zum Verschwinden gebracht.
Unkenntlich geworden und dann
abhanden gekommen.

Das Anverwandelte, das du
dein Eigentum nanntest,
kehrt, um dich zu belehren,
als Irrtum zu dir zurück.

Ihn zu berichtigen, diesen
Schattenbruder, lohnt nicht mehr. Du wartest,
daß er von selbst zerfällt, und weißt:
es ist dein Fleisch.

NEUE LYRIK

Im Grunde ist's nur wieder Volkstanz, igitt.

NEUE REGEL

Herbe Verläßlichkeit hat sich
uns eingezittert.

Und doch verspäte
ich mich noch manchmal
in Verkennung der Lage.

Ein Bild hat uns
Farbschicht um Farbschicht
ineinander geschlossen.

Mit Recht verlangt deine Mutung
die Gleichzeitigkeit meiner bild-
gesetzlich hell-
sichtigen Antwort.

DER FLÜCHTLING

Ich, der Wandrer, muß mich hassen,
wenn die Nacht kommt, auf den nassen
Pfaden, müde das Gebein,
trostlos unterwegs zu sein.

Pläne haben mich verlassen.
Ich verließ der Menschen Gassen,
scheu ein Wolf auf Flucht, allein.
Nacht lädt ein, zu ruhen. Kein

Lager aber läßt sich fassen.
Weiter friedlos, schon den blassen
Morgen fürchtend, flieh' den Schein
Wurm ich, häßlich, krank und klein.

Ich, der Wandrer, muß mich hassen,
Golem ich im Lehmgewand.
Knochen rieseln schon wie Sand.
Kranker Erde Aufbegehr,

heilt mich nur das dunkle Land.
Unberührbar ich nach Stand,
kommen Schergen, mich zu fassen,
müssen mich, den Wandrer, hassen.

Und so nehm' ich meines Sieges
Hieb entgegen. Geist ich, leer,
bin in dieser Zeit des Krieges
nur ein toter Körper mehr.

DIE LAGE

Alles ist.

Alles ist da
und feiert Ganzheit.

Du nimmst nicht teil,
verläßt das Haus
und schläfst an anderem Ort;

du erwachst daheim,
das Haus ist dir nachgefolgt,
alles ist wieder da
und feiert Ganzheit.

Du schießt ihr ein Auge aus:
es wächst sofort nach.
Du stichst nach Art des Volkes
ein Messer hinein:
die Wunde schließt sich wie im Märchen.

Was du geschrieben hast, ist schon geweißt,
und all die Worte, die du nicht wolltest,
stürzen zu Papier, diktiert
von einem fremden, toten Hirn.
Das Kinderspiel des Unsichtbarwerdens
ist Wahrheit geworden.

Und die du ungültig heißt,
die Lage schreibt sich dir ein.
Form bist du und Widerschein
dessen, was du nicht weißt.
Etwas Graues sickert ein,
hüllt das Ganze, löscht den Plan.
Letzte Dinge klopfen an.

DIE SEHNSUCHT

Wie ist das Schwere so leicht,
da du zu seiner Vollbringung
aufgewendet hast
alle Kraft.

Wie ist das Leichte so schwer,
da kein Rest dir
mehr zu Gebote steht
im Spiel der Einverleibung.

Die Zeichen mindern sich. Zeit
ebbt in ihr stummes
Gehäuse zurück. Es mehrt sich
seltsam der Raum.

Wurzelgänge. Durchkreuzt
sind die Pfade. Gitter
vor deiner Tür, als gälte
nur noch das Innen.

Septemberlicht bedrückt die Seele. Aber
der Gedanke durchfliegt in Sehnsucht
das Land. Es lodern
die Ebereschen.

Du hast die Zimmer des Herbstes betreten.
Unruhvoll lenken
die Bilder der Weite
die Schritte der Toten durch dein Haus.

STUMME WEILE

Mond brandet an. Die Sterne sind nicht fern.
Dezember hat sein dunkles Wort gesprochen.
Als hättest du dein Schweigen schon gebrochen,
stieg eine Klarheit auf. Du siehst es gern,

wenn tags die Meisen in den Tannen spielen
und Sirius am Abend sich erhebt.
Du hast dich selbst vergessen, doch es lebt
auf Wegen, die noch nicht zu Staub zerfielen,

dein Geist, ein Hermelin des Nachts im Schnee,
denkt gern daran, wie alles untergeht
und das, was ist, in fester Fügung steht.
Verschlungen ist im Wort und ohne Weh

– wie wenig dir gelungen ist! – dein Stern
und heißt dich, noch ein wenig fortzuschweigen.
Es gibt nichts zu erreichen, nichts zu zeigen.
Wie alles war und ist zu sagen lern'.

DAS WORT

Beizuwohnen dem langsamen
Heraufregnen / Herniederquellen
Hervorschwinden / Enttreten …

Ohne Herkunft,
ohne Zukunft,
ohne Wirkung

kehrt, was ohne
Grund ist, ohne
Wiederkehr,

zu decken deinen
Irrtum, weder
Ein- noch Auskehr.

Das Spiel geht weiter, doch etwas
in dir ist
untergegangen.

Die Lagebesprechungen finden
ohne dich statt
in rechter Ordnung.

DIE JAHRESZEITEN

Jeder Winter ist ewig. Frühling bricht
die Schollen der Zeit und treibt sie auf eilenden Wassern
in Sommers unendliche lösende Schale,
die erfüllt ist vom Ruf der Mauersegler
und voll auch von kreisenden Schwalben. Alles ist Kraft.

Dann aber kommt
der Untergang des Raums im Raum, und Zeit
versickert
im Karst der Dauer. Bedenke,
wie Ebbe und Flut nicht Teil sind der Zeit,
sondern die Zeit
selbst als Bild
unter dem unruh-
vollen Wandel des Mondes:

Auf- und Untergang der Kraft im Spiel
der Wiederkehr. Und ist die Schale geleert,
hält bereits die Hand des Winters wieder
hinein sie in des Ungrunds Kehre, und ihre Wände
leuchten geheimnisvoll in deine und meine Nacht.

SCHWARZE WEGE

Schwarzgängig lichtet
das Weiße sich zur Weiße,
Strich für Strich wie
Vogelschrift.

Schmale Zeichen
leeren das Papier
zu schöner Geräumigkeit, dürres
Geäst im Schnee.

So viele Straßen
bei Nacht, verschluckt
zwischen Dörfern,
tauchen auf

zu großer Vorhandenheit, haben
sich Zeit gelassen, verschwiegen
zu werden von
schwarzen Gängern.

GEMEINSAMKEIT

Sanken die Leiber.
Stiegen wir.
Stern um Stern
schmerzte der Glanz.

Dunkler Fluß wir und Stein
in uns selbst hineingeworfen.
Die Welt ist heil und ganz.
Das Licht ist fern,

da Sternenlicht uns füllt
auf totem Grund.
Kein Ohr, kein Mund,
bricht Kraft die Hülle.

Wandern wie gestoßen
die Leiber zu dem großen
Sand, uns zu decken.
Einander zu haben,

sind wir begraben.
Strömen wir.
Sanft rollende Kerne,
ankommen wir,

du Stern, ich Stern,
in lauschender Muschel,
sichtbar zu sein im
Leuchten der Ferne.

Erinnern des Steines,
verlöschen wir,
uns zu verstreuen.

Gräber wir, hören wir
das Murmeln eines
ungeheuer Neuen.

URSPRUNG

Von des Vaters Hand sich lösend die ersten
Schritte ins Land, vorfühlend das Geheimnis
der Einzelnheit im Angesicht der an-
brandenden Höhen, gleißend

wie von spätem Schnee, ein alter Glanz wie
hervorleuchtend aus Gestein, älter als
die Zeit, als wäre dieser Frühling
einer unbekannten tiefen Dauer Stück

und eines Bildes ewige Wiederholung,
ermaß das Kind und wurde dadurch Sohn,
indem es in das Bild trat, in dem Abstand,
dem kurzen zum Vater, sogleich den weiten, tal-

überspannenden zu den Höhen hin,
hinter denen durch das Wort des Vaters
auftauchten neue, fernere Höhen,
sich dem Blick entziehend und doch an-

wesend, stiftend ein Wissen: die Gabe des Abstands,
wie denn alles in der schönen Natur
aus seinem Abstand hervortritt, eines Bildes
unendliches Hervorstellen seiner selbst.

Leben heißt, Abstand zu wahren. Erkenne
es in dem Kreisen der Schwalben am Sommerabend,
im Landen des Entenschwarms auf dem Fluß,
im Lauf der Pferde über die Steppe:

jedes Tier für sich, und das Ganze
in herrlicher Spannung sich haltend allein
kraft feiner Abständigkeit, die wie das Atmen
selbst ist: ältesten Rechtes reiner Vollzug.

Leben war dir allein in der Wahrung des Abstands.
Und so wurdest du zu einem Brief
auf unendlicher Irrfahrt, wohl das Ziel
kennend, wohl den Freunden lesbar adressiert,

Schrift sein wollend, unverstellt, doch auf
dem Weg abhanden kommend wie von falschen
Sternen überflogen, von Dieben geraubt
und immer, immer seinem Ursprung zu nah.

Auftaucht nun, was verloren geglaubt, auf diesen
Seiten? Fädelt sich ein etwas wie Antwort
in Spiralen wie um romanische Säulen?
Wiederholung des Bildes auch dies, gewiß, und zu mehr

hat es, Freunde, vorerst nicht gereicht.

INHALTSVERZEICHNIS

OHNE STIMME	7
DER PLAN	9
BALLADE VOM GASTHAUS	10
VERSAMMLUNG	15
TRENNUNG	17
GEGENWART UND SCHNEE	18
MÄRZ	20
VOGELSCHRIFT	21
EINVERSTÄNDNIS	22
MITTSOMMERNACHT	25
ERSCHÖPFUNG	26
DAS ABENDLIED	28
IM FORTGEHN	30
GANYMEDS REIMSTÜCK	31
AM QUELL	32
DER DOPPELGÄNGER	35
NEUE LYRIK	36
NEUE REGEL	37
DER FLÜCHTLING	38
DIE LAGE	40
DIE SEHNSUCHT	42
STUMME WEILE	44
DAS WORT	45
DIE JAHRESZEITEN	46
SCHWARZE WEGE	47
GEMEINSAMKEIT	48
URSPRUNG	50

Geschrieben zwischen Sommer 2023 und Winter 2025